Université de France.

ACADÉMIE DE STRASBOURG.

THÈSE
POUR LE DOCTORAT,

PRÉSENTÉE

A LA FACULTÉ DE DROIT DE STRASBOURG,

ET SOUTENUE PUBLIQUEMENT

le mardi 25 juin 1844, à midi,

PAR

JEAN-BENJAMIN KÜHLMANN,

LICENCIÉ EN DROIT; CHEF DE DIVISION A LA PRÉFECTURE DU HAUT-RHIN, DE COLMAR.

———

STRASBOURG,
IMPRIMERIE DE G. SILBERMANN, PLACE SAINT-THOMAS, 3.
1844.

A MONSIEUR BRET,

OFFICIER DE LA LÉGION D'HONNEUR, COMMANDEUR DE L'ORDRE DU LION
DE ZÆHRINGEN, PRÉFET DU HAUT-RHIN.

Hommage de reconnaissance et de dévouement.

J. B. KÜHLMANN.

FACULTÉ DE DROIT DE STRASBOURG.

M. RAUTER, doyen.

M. HEPP, président de la thèse.

Examinateurs.
{
MM. HEPP,
HEIMBURGER,
THIERIET,
AUBRY,
} professeurs.
LAFON, professeur suppléant provisoire.

DROIT CIVIL FRANÇAIS.

DE L'EFFET DES CONVENTIONS A L'ÉGARD DES TIERS ET EN PARTICULIER DE L'ACTION PAULIENNE.

(C. c., art. 1165 à 1167.)

CHAPITRE PREMIER.

DE L'EFFET DES CONVENTIONS A L'ÉGARD DES TIERS.

La loi sanctionne les conventions et leur prête toute sa force. Les conventions tiennent lieu de loi à ceux qui les ont faites; elles ont à l'égard des parties contractantes la même autorité que les lois positives qui règlent les rapports des hommes entre eux et déterminent leurs droits et leurs devoirs respectifs.

Comme les héritiers continuent la personne de leur auteur, et le représentent, et que, d'un autre côté, toute transmission d'une chose entraîne avec elle la succession aux droits et aux charges inhérents à cette chose, les effets des conventions s'étendent, en général, aux héritiers et successeurs universels et aux ayant-cause des parties contractantes, et les lient aussi bien que ces dernières, à moins que le contrat ne renferme une clause contraire, ou qu'une disposition spéciale de la loi ou la nature même du contrat ne s'y oppose. On est censé avoir stipulé pour soi et pour ses héritiers et ayant-cause, dit l'art. 1122.

Mais le consentement réciproque étant de l'essence des conventions, elles ne peuvent avoir d'effet qu'entre les parties elles-mêmes, et leurs successeurs universels et particuliers, qui sont censés avoir donné leur consentement, les uns au moment de la saisine, au moment où ils ont accepté la succession, les autres à l'instant même où ils ont acquis la chose qui fait l'objet de la convention. Elles sont dénuées d'efficacité à l'égard des tiers; elles ne peuvent leur être opposées, ni être invoquées par eux (art. 1165). On ne peut s'engager ni stipuler en son propre nom que pour soi-même.

Personne ne peut être obligé par la convention de celui auquel il n'a pas donné pouvoir de l'engager. En promettant, d'ailleurs, la chose ou le fait d'autrui, on promettrait le plus souvent ce qu'il est impossible de donner ou de faire. L'engagement est donc nul à l'égard des tiers ; et par tiers on entend tous ceux qui n'ont pas été représentés au contrat, soit quant à la personne, soit relativement à la chose.

· Ainsi la vente de la chose d'autrui est nulle. Les ventes faites par un héritier apparent ne peuvent pas nuire aux véritables héritiers qui ne se présentent pas. Les conventions des héritiers entre eux, même dans un partage, relativement au paiement des dettes ou à la répartition des créances, ne peuvent être opposées aux créanciers ni aux débiteurs de la succession. La servitude ou l'usufruit accordé par le vendeur de l'immeuble depuis la vente ne peut nuire à l'acquéreur. Ainsi encore les appelés à la substitution ne souffrent pas des charges imposées par le grevé, ni le propriétaire de celles imposées par l'usufruitier. Il en est de même de tout détenteur dont le droit est résoluble.

Tous ces actes seraient *res inter alios actæ*, et ne pourraient être opposés aux tiers.

Le Code civil a même décidé qu'un engagement fait pour le compte

d'un autre ne pouvait lier le promettant (art. 1119). Cette conséquence n'était pas aussi rigoureuse en Droit romain. On distinguait
entre les conventions sur la chose et sur le fait d'autrui. La chose
d'autrui pouvait être la matière d'un contrat ou d'un legs; le vendeur était obligé d'acheter la chose pour la livrer ou d'en payer le
prix et les dommages-intérêts de l'acheteur; un testateur pouvait
aussi léguer la chose d'autrui, pourvu qu'il n'ignorât pas que la
chose ne lui appartenait pas; et c'était au légataire à faire cette
preuve.

Il n'en est plus de même lorsqu'en promettant pour un tiers on
s'est porté fort pour lui ou qu'on s'est obligé en même temps à rapporter sa ratification. La promesse alors devient efficace contre le
promettant. Dans ce cas, si le tiers refuse d'exécuter l'engagement,
celui qui s'était porté fort ou avait promis de faire ratifier, est obligé
envers le stipulant à une indemnité ou à des dommages-intérêts.
C'est qu'en effet on promet plutôt son propre fait que le fait ou la
chose d'autrui; on promet de faire en sorte que le tiers exécutera
la prestation; on promet en son nom, mais conditionnellement,
pour le cas où le tiers ne fera pas ou ne donnera pas. C'est une obligation conditionnelle, un nouveau contrat, un contrat direct qui se
forme entre le stipulant et le promettant, et dont l'exécution est
subordonnée à l'accomplissement d'une condition, d'un événement
futur.

L'intention de se porter fort pour un tiers ou de rapporter sa ratification n'a pas toujours besoin d'être textuellement exprimée dans
le contrat. Cette intention peut aussi s'induire des circonstances.
Toutefois, en matière civile, il faut se garder d'admettre trop facilement que celui qui a promis le fait ou la chose d'un tiers a entendu
se porter fort pour ce dernier. Les termes de la convention ne doivent
jamais être étendus au delà de leur sens naturel; on ne doit pas recourir à des conjectures pour rechercher quelle a pu être la volonté
des contractants; on doit, en général, penser que le promettant n'a

pas voulu s'engager au delà des termes de son contrat. Sans doute on peut soutenir, non sans quelque raison, que les conventions doivent être entendues plutôt dans un sens suivant lequel elles produiront quelque effet que dans un sens suivant lequel elles n'en produiraient aucun, et que la promesse du fait d'un tiers ne peut être efficace qu'autant qu'elle serait interprétée en ce sens que le promettant avait l'intention de se porter fort pour le tiers. Mais cette dernière opinion est contraire au texte du Code civil; car l'art. 1119 dispose expressément qu'on ne peut ni *s'engager* ni stipuler en son propre nom que pour soi-même; et l'art. 1120 ne fait qu'introduire une exception à ce principe, en rendant la promesse efficace contre le promettant, pour le cas seulement où le promettant se serait porté fort ou aurait promis de ratifier en cas d'inexécution de la part du tiers. La disposition de ce dernier article aurait été superflue, s'il fallait admettre en principe l'existence de la présomption tendant à faire consacrer la validité de la promesse.

La présomption, que l'on a entendu se porter fort pour le tiers, résulte nécessairement de l'addition d'une clause pénale, stipulée pour le cas où le tiers refuserait de tenir l'engagement; car le promettant a le plus grand intérêt, dans un cas pareil, à ce que le tiers accomplisse la prestation; il est censé avoir contracté l'obligation de déterminer le tiers à effectuer cette même prestation. En vain dirait-on qu'une clause pénale n'est qu'une obligation accessoire à une obligation principale, que la nullité de l'obligation principale doit ausssi entraîner celle de l'obligation accessoire, et qu'aux termes de l'art. 1227 du Code civil, en cas de nullité de l'obligation principale, la clause pénale est également nulle. Il s'agit ici, ainsi que nous l'avons déjà démontré, non d'une obligation accessoire, mais d'une convention principale qui se forme directement entre le promettant et le stipulant, et dont l'exécution est subordonnée à un événement futur, à une condition suspensive.

En matière commerciale, au contraire, l'intention de se porter fort doit, en général, se présumer. Dans le Droit commercial, les règles sont plus larges et plus particulièrement dérivées de la bonne foi que celles du Droit civil proprement dit ; et l'on s'attache encore plus à l'intention des contractants qu'au sens littéral des termes dont ils se sont servis. On admet facilement la validité des stipulations sur la chose d'autrui. L'objet des transactions commerciales consiste, en effet, le plus souvent, dans des choses fongibles et déterminées seulement, quant à leur espèce, qu'il est au pouvoir et dans l'inten·tion du débiteur ou du vendeur de se procurer. Les opérations commerciales reposent principalement sur une fiction, sur le crédit. Le but du commerce est de mettre la marchandise en circulation; la chose d'autrui est toujours vénale, et c'est seconder l'activité des transactions et se rendre l'auxiliaire du propriétaire négociant que de faire des marchés qui favorisent le débit de ce qui est dans ses magasins. D'ailleurs, en vendant des marchandises qui appartiennent à un autre négociant, on est toujours réputé s'être chargé de les livrer.

L'exception la plus remarquable au principe, que les conventions ne peuvent être opposées aux tiers, est celle qui a lieu dans le concordat que la majorité des créanciers d'un failli peut accorder à ce dernier. Un traité semblable, lorsqu'il a été accepté par la majorité des créanciers qui représentent les trois quarts de la valeur totale du montant des créances, lie de plein droit les autres créanciers, quoiqu'ils n'y aient pas adhéré.

La promesse de se porter fort étant moins l'accessoire d'une obligation principale, qu'une nouvelle obligation principale, subordonnée seulement à l'accomplissement d'une condition , il est évident que la circonstance de capacité ou d'incapacité du tiers ne peut exercer aucune influence sur la validité de cette promesse. On peut valablement se porter fort pour une personne même incapable de s'obliger. Dans un cas semblable, la condition suspensive, de laquelle dépendait l'exécution de la promesse, est censée s'être réalisée immédiatement, lorsqu'il n'est pas exprimé que cette promesse sera exécutée à une époque où le tiers aura acquis la capacité nécessaire. L'obligation, de conditionnelle qu'elle était par sa nature, est devenue pure et simple.

En règle générale, la stipulation faite en faveur d'un tiers ne peut pas plus lui profiter que la promesse faite en son nom sans mandat de sa part ne peut avoir pour effet de l'obliger. Cette règle souffre cependant exception, lorsqu'une pareille stipulation forme une condition d'une convention à titre onéreux que le stipulant a conclue dans son propre intérêt, ou une charge d'une libéralité qu'il a faite au promettant. Dans ces deux cas, à l'égard du promettant, le tiers doit être moins considéré comme une personne envers laquelle il est directement engagé que comme un mandataire désigné par le stipulant pour recevoir au nom et pour le compte de ce dernier la chose qui fait l'objet de la stipulation. A l'égard du stipulant, le tiers est réputé être le donataire de celui-ci. Aussi le stipulant est-il le maître de révoquer cette stipulation, aussi longtemps que le tiers n'a pas déclaré vouloir en profiter.

Hormis ces exceptions, la stipulation faite au profit d'un tiers ne produit pas même d'effet en faveur du stipulant, à moins qu'elle n'ait été garantie par une clause pénale. Le stipulant, en effet, n'a aucun intérêt aux affaires d'autru.

L'acceptation du bénéfice de la stipulation de la part du tiers peut être expresse ou tacite. La loi ne prescrit à cet égard aucune formalité, comme elle le fait pour l'acceptation d'une donation entre-vifs.

La stipulation devient irrévocable, dans l'intérêt du tiers, par le seul fait de cette acceptation, lors même que le stipulant n'en aurait pas encore connaissance; car, le consentement réciproque est parfait par le seul effet du concours des deux volontés, de sorte que l'auteur des offres ne peut plus les révoquer postérieurement à leur acceptation, quoique cette dernière ne soit pas encore parvenue à sa connaissance.

CHAPITRE II.

DU DROIT CONFÉRÉ AUX CRÉANCIERS D'EXERCER LES DROITS ET ACTIONS DE LEURS DÉBITEURS.

S'il est vrai que les conventions ne peuvent produire aucun effet à l'égard des tiers, ce principe souffre exception jusqu'à un certain point, lorsque les créanciers usent du droi' qui leur est conféré par la loi d'exercer les droits et actions de leur débiteur.

Dans ce cas, on peut leur opposer toutes les exceptions, tous les moyens qu'on aurait pu opposer au débiteur lui-même. Mais c'est qu'aussi, dans cette circonstance, les créanciers n'agissent qu'au nom de leur débiteur; ils le représentent; ils s'identifient avec lui relativement à l'objet de l'action; ils ne sauraient avoir plus de droits ni d'autres droits que ceux appartenant à leur débiteur.

En principe, le droit de propriété est illimité; et chacun a la faculté d'user et même d'abuser de la chose qui lui appartient, tant qu'il ne porte par ses actes aucun préjudice à autrui.

Mais quiconque a contracté une obligation, est censé avoir affecté en même temps tous ses biens pour sûreté de l'accomplissement de cette obligation. Tous les biens mobiliers et immobiliers, présents et futurs d'un débiteur forment le gage commun de ses créanciers Le droit de propriété du débiteur, quelque absolu qu'il soit, se trouve donc indirectement limité au profit de ses créanciers, en ce sens que ceux-ci ont intérêt à veiller à ce que le débiteur n'abuse pas de sa chose, et prenne, au contraire, toutes les mesures propres à en assurer la conservation.

Les créanciers peuvent poursuivre sur tous les biens de leur débiteur le paiement de leurs créances, les saisir pour les faire vendre, et s'en faire adjuger le prix, en suivant à cet égard les formalités tracées par les lois.

Ils peuvent même faire annuler en justice à leur profit les actes abusifs que le débiteur aurait faits en fraude de leurs droits, pour les frustrer de ce qui leur est dû. C'est le cas de l'action paulienne ou révocatoire dont il sera question plus tard.

Mais là se bornaient leurs droits sous l'empire du Droit romain. L'ancienne jurisprudence française est allée plus loin, et est venue au secours des créanciers. Il ne suffisait pas à ses yeux de donner aux créanciers le droit de faire annuler les actes frauduleux de leur débiteur; elle pensait qu'il valait mieux encore leur donner la faculté de prévenir les effets préjudiciables de la négligence du débiteur. Aussi par un usage constant les autorisa-t-elle à exercer les droits de leur débiteur, et à s'y faire subroger à cet effet, quand le débiteur négligeait ou refusait de le faire lui-même. D'abord, ils le faisaient condamner de se porter héritier, en lui donnant caution de le garantir et indemniser, si les dettes surpassaient les forces de la succession. Dans la suite, on les subrogea aux lieu et place de leur débiteur sans les obliger à donner caution. C'est cette jurisprudence que le Code civil a adoptée. Elle ne fait qu'étendre et compléter les conséquences du principe que les biens du débiteur forment le gage de ses créanciers.

Pour garantir ses intérêts personnels, tout créancier peut donc prendre au nom de son débiteur toutes les mesures conservatoires des biens, des droits de ce dernier. Ainsi les créanciers peuvent, en son nom, faire des actes interruptifs de la prescription, requérir des inscriptions d'hypothèques, agir en reconnaissance de signature, revendiquer un immeuble possédé par un tiers, former opposition, interjeter appel, agir par requête civile, se pourvoir en cassation, etc. En un mot, ils peuvent exercer tous les droits et actions de leur débiteur, à l'exception de ceux qui sont exclusivement attachés à sa personne (art. 1166).

Mais pour être admis à poursuivre l'exercice de droits appartenant à leur débiteur, ils sont auparavant obligés de se faire subroger dans ces mêmes droits. En effet, le créancier ne peut de son autorité privée s'approprier son gage ou en disposer à son gré; il est tenu de recourir à la justice pour se faire mettre en possession des biens de son débiteur. L'art. 788 du Code civil, en autorisant le créancier à accepter une succession du chef de son débiteur, exige d'ailleurs formellement une subrogation en justice; et cette règle doit être suivie dans tous les cas semblables.

La subrogation dont il s'agit peut s'opérer en actionnant en mêm temps le débiteur et le tiers; on demande, dans la pratique, à être subrogé aux lieu et place du premier à l'action que l'on exerce contre le second.

L'exercice de la subrogation produit des effets analogues à ceux d'une saisie-arrêt. Elle enlève au débiteur le droit de disposer des droits et actions auxquels le créancier s'est fait subroger, et notamment celui d'y renoncer à son préjudice.

Toutefois le débiteur conserve toujours son droit de propriété sur tous ses biens. Aussi les créanciers ne peuvent-ils l'entraver dans l'exercice de ce même droit de propriété, dans l'exercice des droits et actions qui lui appartiennent. Ils ne sont autorisés à agir au nom de leur débiteur, qu'autant que celui-ci refuserait ou négligerait d'agir lui-même.

Les créanciers étant intéressés à la conservation des biens de leur débiteur, qui forment le gage, les sûretés de leur créance, ont aussi le plus grand intérêt à ce que la valeur de ce gage ne soit pas diminuée. Ils peuvent, en conséquence, intervenir, mais à leurs frais, en leur nom seulement, dans les contestations où leur débiteur se trouverait engagé, pour surveiller sa défense, pour empêcher tout concert frauduleux, et proposer les moyens que le débiteur négligerait de faire valoir lui-même. Mais alors ils n'agissent pas comme subrogés aux droits de leur débiteur; c'est en leur propre nom, et en vertu de la faculté qu'ils ont d'attaquer les actes faits en fraude de leurs droits, faculté qui comprend à plus forte raison celle de prendre les mesures conservatoires nécessaires pour empêcher que le débiteur ne renonce à des droits qui lui appartiennent et ne diminue ainsi son patrimoine. Il vaut même mieux, en effet, que les créanciers interviennent en temps utile pour surveiller leurs intérêts et prévenir la consommation de la fraude, que s'ils ne commençaient à agir qu'après que la fraude aurait été accomplie.

Ce droit d'intervention est formellement consacré par plusieurs dispositions du Code. C'est ainsi que les créanciers peuvent intervenir dans une instance introduite pour faire prononcer la déchéance de leur débiteur pour cause d'abus de jouissance; et ils peuvent, en offrant la réparation des dégradations existantes et des sûretés pour l'avenir, demander le maintien de l'usufruit à leur profit (art. 618). D'après l'art. 882, ils sont recevables à intervenir dans les partages des successions dans lesquelles leur débiteur se trouve intéressé. Enfin, aux termes de l'art. 871 du Code de procédure civile, les créanciers du mari sont autorisés à intervenir dans une instance en séparation de biens pour empêcher que la séparation ne soit prononcée à leur préjudice.

En exerçant les droits et les actions de son débiteur, le créancier est obligé de respecter les actes qui avaient été passés par ce dernier; il ne peut employer que des moyens que celui-ci aurait négligé de faire valoir et auxquels il n'aurait pas encore renoncé. On peut lui opposer toutes les exceptions qui auraient pu être opposées au débiteur lui-même. Tous les jugements rendus contre le débiteur, qui auraient acquis la force de la chose jugée à l'égard de ce dernier, peuvent lui être opposés également. Il ne saurait, en effet, avoir plus de droits que n'en a le débiteur lui-même qu'il représente.

Il en serait autrement si ces actes ou ces jugements avaient eu lieu en fraude de ses droits. Alors il pourrait les faire annuler, mais en agissant en son propre nom, et en vertu de l'action révocatoire.

Mais à partir de l'exercice de la subrogation, dès que le créancier s'est fait subroger aux droits et actions de son débiteur, celui-ci ne peut plus disposer, postérieurement à la signification de la subroga-

tion, des droits et actions formant l'objet de cette même subrogation.
Ainsi, il ne pourrait renoncer à une action en nullité d'une obligation dans laquelle le créancier se serait fait subroger. Toute aliénation que le débiteur aurait faite au préjudice du créancier serait
nulle à l'égard de ce dernier. Il ne pourrait renoncer à une prescription qui lui serait justement acquise. Les exceptions provenant
d'une cause postérieure à la signification de la subrogation, les jugements obtenus contre le débiteur après cette signification, ne pourraient plus être opposés au créancier.

La distinction que nous venons d'établir entre les actes et jugements qui ont eu lieu avant ou après la signification de la subrogation devient importante en matière de tierce-opposition. Pour
attaquer des jugements prononcés contre leur débiteur avant la
subrogation, les créanciers formant tierce-opposition sont obligés de
prouver l'existence d'une collusion, d'un concert frauduleux. Cette
preuve n'est plus nécessaire pour faire tomber des jugements posté-
rieurs à la subrogation; il suffit, dans ce dernier cas, qu'ils éta-
blissent que ces jugements leur ont porté préjudice.

La subrogation aux droits du débiteur produit les mêmes effets
qu'une opposition ou une saisie. Il y a main-mise judiciaire. Les
créanciers acquièrent un droit, celui d'empêcher que le débiteur ne
dispose plus à leur préjudice de l'objet du droit auquel ils se sont
fait subroger.

Mais la subrogation dont il s'agit n'opère pas les effets d'une
cession ordinaire. Le créancier n'acquiert pas un droit exclusif sur
l'objet de la subrogation; ce n'est qu'un droit de gage, et le produit
de l'action appartient, en principe, aux divers saisissants ou opposants. La priorité de saisie n'est pas une cause légitime de préférence.
Le créancier qui le premier s'est fait subroger aux droits et actions
de son débiteur ne doit pas par cela seul être préféré aux autres
créanciers opposants. Les créanciers subrogés ou opposants sont tous
d'une condition égale; ils se trouvent en concurrence et prennent

part par contribution au bénéfice du droit ou de l'action, à moins de priviléges légaux ou d'hypothèques.

Il en serait autrement si le créancier avait agi en son propre nom et en vertu d'un droit qui lui appartient, s'il avait une action directe contre le débiteur de son débiteur. Le produit de l'action lui profiterait alors exclusivement comme créancier direct et immédiat, sans concurrence avec les autres créanciers du débiteur. C'est ainsi, par exemple, que le déposant et le prêteur à gage ont une action directe contre celui à qui la chose a été remise en dépôt ou prêtée par le dépositaire ou l'emprunteur. C'est ainsi encore que le bailleur peut actionner directement le sous-locataire jusqu'à concurrence du prix de sa sous-location (art. 1753).

Aux termes de l'art. 1798, les ouvriers employés par un entrepreneur à la construction d'une maison ou à tout autre genre de travaux, ont une action directe contre celui pour le compte duquel les travaux ont été exécutés, jusqu'à concurrence de la somme dont il se trouve débiteur envers l'entrepreneur au moment de la formation de la demande.

Le mandant peut agir directement contre la personne que son mandataire s'est substituée à raison des obligations que cette personne a contractées par le sous-mandat qu'elle a reçu (art. 1994, alin. 2).

Enfin un sous-acquéreur peut également exercer directement et en son propre nom contre le vendeur originaire l'action en garantie pour cause d'éviction; son vendeur immédiat lui ayant transmis tous les droits attachés à la chose.

Le droit conféré par l'art. 1166 aux créanciers s'étend à tous les droits et à toutes les actions du débiteur, à l'exception de ceux qui sont exclusivement attachés à sa personne, c'est-à-dire, à ceux qui, soit d'après leur nature, soit d'après une disposition spéciale de la loi ou l'analogie résultant d'une disposition semblable, ne peuvent être exercés que par le débiteur lui-même, et, dans certains cas, par ses héritiers, et qui ne peuvent pas être exercés, contre son gré, par une autre personne.

D'un autre côté, il faut également que l'objet du droit présente
pour le créancier un intérêt pécuniaire et actuel. L'intérêt, en effet,
est la mesure des actions; ici l'intérêt du créancier doit consister à
lui faire obtenir le paiement de ce qui lui est dû. Si l'exercice de
l'action ne devait pas avoir pour résultat direct ou indirect de désin-
téresser le créancier de tout ou partie de sa créance, sa demande
devrait être déclarée non recevable.

Ainsi les créanciers peuvent exercer les droits de propriété, d'hypothèque, de servitude, l'usufruit légal ou conventionnel compétant
à leur débiteur. Ils peuvent encore se faire subroger dans ses créances
sur des tiers, et dans les intérêts et actions du débiteur dans des
compagnies ou sociétés de finance ou d'industrie. Ils ont aussi le droit
de poursuivre en justice le débiteur de leur débiteur au nom de
celui-ci, et de faire des saisies entre ses mains.

Ils sont autorisés, au nom de leur débiteur, à exiger le rapport
des cohéritiers, à demander la réduction des libéralités qui excéde-
raient la quotité disponible, à exercer les droits et actions de la
femme qui serait leur débitrice, dans la faillite de son mari, à révoquer une donation faite entre époux pendant le mariage.

Doivent encore être considérées comme susceptibles d'être exercées
par les créanciers, les actions en pétition d'hérédité appartenant à
leur débiteur, lors même qu'elles se trouveraient compliquées de
questions d'état, et même les actions en contestation de légitimité et
en désaveu, en tant qu'elles compètent aux héritiers du mari. Ceux-ci
peuvent, en effet, avoir intérêt à faire déclarer illégitime un enfant
dont la part tendrait à diminuer leurs droits dans la succession de
leur auteur.

Tels sont aussi les actions en révocation de donation pour cause
d'inexécution des conditions, le droit de demander la révocation des
donations pour cause de survenance d'un enfant légitime, les droits
qui compètent aux héritiers présomptifs de l'absent sur le patrimoine délaissé par ce dernier, toutes les actions en dommages-intérêts

naissant de délits contre les propriétés ; le droit d'option ou le retrait d'indivision conféré par l'art 1408 à la femme mariée, lors de la dissolution de la communauté; les actions en nullité ou en rescision d'obligation , lors même qu'elles seraient fondées sur l'incapacité personnelle du débiteur, ou sur le dol, la violence ou l'erreur dont il aurait été victime. La difficulté de prouver l'erreur, la violence ou le dol ne doit pas être un obstacle à l'exercice de l'action.

Au contraire, on doit considérer comme étant exclusivement attachés à la personne, et comme ne pouvant dès lors être exercés par les créanciers du débiteur, les droits de l'autorité maritale ou tutélaire, les droits de la puissance paternelle, tels que le droit de correction, le droit de consentir au mariage ou à l'adoption, le droit d'administration du père sur les biens de ses enfants pendant le mariage.

Le mandat est un contrat qui est principalement fondé sur la confiance qu'inspire la personne du mandataire; il ne peut être rempli que par le mandataire lui-même; et les créanciers du mandataire ne sont pas autorisés à l'accomplir en son nôm. Il en serait ainsi, lors même que le mandataire aurait la faculté de se substituer un sous-mandataire. Comme il répond de ce dernier, il peut seul le choisir.

Cependant il a été admis par la jurisprudence que, lorsqu'un mandat a été conféré dans l'intérêt du mandataire, par exemple, le mandat donné à un créancier de vendre les biens de son débiteur, pour assurer le paiement de sa créance, les créanciers du mandataire peuvent l'exercer en son nom. En effet, dans un cas pareil, le mandat est moins donné à l'individu personnellement qu'au créancier, pour garantie de sa créance; il est plutôt attaché à la créance qu'à la personne.

Les droits d'usage et d'habitation étant restreints aux besoins personnels de l'usager et ne pouvant être cédés par lui, il est évident que les créanciers de l'usager ne sauraient exercer ces droits en son nom.

Sont encore considérées comme étant exclusivement attachées à la personne, les actions en séparation de corps et en séparation de biens, les actions pures et simples en réclamation d'état, les actions en nullité de mariage, à moins qu'il ne s'agisse d'une nullité absolue que les créanciers auraient intérêt à faire valoir, le droit d'écarter du partage d'une succession le cessionnaire d'un cohéritier, en lui remboursant le prix de la cession, les actions en révocation de donation pour cause d'ingratitude et toutes les actions en dommages-intérêts naissant de délits contre la personne.

CHAPITRE III.

DE L'ACTION PAULIENNE.

Les créanciers peuvent demander la révocation des actes qui ont été faits par leur débiteur en fraude de leurs droits.

Ils avaient déjà la faculté d'exercer cette action sous l'empire du Droit romain. La loi *Ælia Sentia* accordait aux créanciers le droit de faire annuler l'affranchissement que leur débiteur avait fait de ses esclaves en fraude de leurs droits. Le principe posé dans cette loi reçut plus tard des développements, et donna lieu à l'action paulienne, ainsi appelée du nom du préteur qui l'a introduite.

Cette action, dans le cas où elle était admise, avait pour objet de rescinder la tradition qui avait transféré la propriété, et de permettre aux créanciers de revendiquer comme n'ayant pas été livrée, comme n'ayant pas cessé d'appartenir à leur débiteur les choses formant l'objet des actes que celui-ci avait faits dans l'intention de les frauder.

Les lois romaines contiennent sur cette matière un grand nombre de dispositions qui peuvent servir à faire comprendre la nature de ce même droit que le Code civil a conservé aux créanciers, mais qu'il s'est borné à établir en principe, sans en développer toutes les conséquences.

Il faut donc recourir aux lois romaines où le principe a été puisé et qui en contient de nombreuses applications, à l'ancienne jurisprudence qui nous apprend comment ces règles étaient reçues dans la pratique, et au Code de commerce qui renferme plusieurs dispositions spéciales pour le cas où le débiteur frauduleux est en faillite. Encore les lois romaines ne doivent-elles être consultées qu'avec beaucoup de réserve et en tenant compte de la différence qui existe entre les deux législations; et, d'un autre côté, il ne faut pas perdre de vue que les règles tracées par le Code de commerce étant tout à fait exceptionnelles, ne doivent pas facilement être étendues par analogie, et doivent principalement servir à expliquer l'esprit de la législation actuelle.

En exerçant l'action révocatoire, les créanciers agissent toujours en leur nom personnel; ils ne représentent pas le débiteur; ils ne sont pas ses ayant-cause. A l'égard des parties qui ont consenti l'acte attaqué, ils sont et restent des tiers; et l'annulation de l'acte, prononcée dans leur propre intérêt, ne peut profiter au débiteur.

L'action paulienne ayant pour objet de faire rentrer dans le patrimoine du débiteur des biens sur lesquels les créanciers prétendent exercer le droit de gage qu'ils ont sur l'universalité de son patrimoine, ils ont tous la faculté de l'exercer, peu importe qu'ils soient chirographaires, privilégiés ou hypothécaires. On ne pourrait même opposer au créancier hypothécaire qui demanderait la révocation pour cause de fraude de l'immeuble qui lui aurait été hypothéqué, qu'il a la faculté de surenchérir; et le défaut d'une surenchère valable ne le priverait pas du droit d'exercer cette action. L'action paulienne est, en effet, tout à fait distincte de l'action hypothécaire, et la perte de celle-ci ne peut influer sur celle-là.

L'action paulienne étant de nature à porter atteinte au double principe de la validité des conventions et du droit qui appartient au débiteur de disposer de sa propriété d'une manière absolue, les créanciers ne sont autorisés à l'exercer qu'autant qu'ils y auraient

intérêt. Il faut donc, pour que les actes attaqués soient réputés faits
en fraude des créanciers, qu'ils aient directement porté préjudice
à leurs intérêts. Aussi l'action paulienne est-elle une action purement subsidiaire; elle n'est accordée aux créanciers que dans les cas
seulement où les autres biens du débiteur ne suffiraient pas pour
payer ses dettes. Jusque-là évidemment les créanciers n'ont aucun
intérêt à l'exercer; leurs créances se trouvent garanties par un gage
suffisant. Elle n'est pas ouverte tant que les affaires du débiteur sont
en bon ordre; elle ne commence à naître que lorsque le débiteur est
hors d'état de remplir ses engagements.

La déconfiture et la faillite constituent des présomptions légales
de l'état d'insolvabilité du débiteur, et donnent ouverture à l'action.

Une longue expérience avait prouvé que les cessions faites par le
débiteur dans un temps très-voisin de sa faillite étaient presque
toujours frauduleuses.

Un édit de Henri IV, du mois de mai 1609, annulait « tous trans-
« ports, cessions, donations, ventes et aliénations faites aux enfants
« et héritiers présomptifs ou aux amis du débiteur; et s'il appert que
« les transports, cessions, donations et ventes soient faites et acceptées
« en fraude des créanciers, les cessionnaires, donataires et acqué-
« reurs seront punis comme complices des fraudes et banque-
« routes. »

L'art. 13 d'un règlement fait pour la place de Lyon, le 2 juin 1667,
voulut que toutes cessions et transports sur les effets des faillis fussent
nuls, s'ils n'étaient faits dix jours au moins avant la faillite connue.

L'art. 4 du titre II de l'ordonnance du commerce de 1673 décla-
rait « nuls tous transports, cessions, ventes et donations de biens
« meubles ou immeubles, *faits en fraude des créanciers.* »

Mais cette disposition ayant paru insuffisante, une déclaration du
18 novembre 1702 porta « que toutes cessions et transports sur les
« biens des marchands qui font faillite seraient nuls et de nulle
« valeur, s'ils n'étaient faits dix jours au moins avant la faillite *publi-*

« *quement connue;* comme aussi que les actes et obligations qu'ils pas-
« seraient devant notaires, au profit de quelques-uns de leurs créan-
« ciers, ou pour contracter de nouvelles dettes, ensemble les sen-
« tences qui seraient rendues contre eux, n'acquerraient aucune hypo-
« thèque ni préférence sur les créanciers chirographaires, si lesdits
« actes et obligations n'étaient passés, et si lesdites sentences n'étaient
« rendues pareillement dix jours au moins avant la faillite *publique-
« ment connue.* »

Le Code de commerce de 1808 a adopté ces principes en les mo-
difiant. Il a distingué entre les divers actes, pour y attacher tantôt
une présomption *juris et de jure,* qui les frappe d'une nullité absolue,
tantôt une présomption légale qui établit la fraude vis-à-vis du failli
seulement, et met les créanciers dans la nécessité de prouver la mauvaise foi de ceux qui ont traité avec lui.

Enfin, la loi du 28 mai 1838 sur les faillites et les banqueroutes
prononce la révocation : 1° de tous les actes à titre gratuit passés
par le débiteur depuis l'époque déterminée par le tribunal comme
étant celle de la cessation de ses paiements ou dans les dix jours qui
auraient précédé cette époque; 2° de tous les paiements qu'il aurait
faits de quelque manière que ce soit pour dettes non échues; 3° de
tous les paiements qu'il aurait faits pour dettes échues autrement
qu'en espèces ou effets de commerce; 4° de toutes hypothèques con-
ventionnelles ou judiciaires ou de tous droits de gage qu'il aurait
constitués sur ses biens pour dettes antérieurement contractées. Il y
a une présomption *juris et de jure* que ces actes ont été passés en
fraude des droits des créanciers.

Tous les autres paiements faits par le débiteur pour des dettes
échues, et tous les actes à titre onéreux qu'il aurait passés après la
cessation de ses paiements et avant le jugement déclaratif de faillite,
peuvent être annulés, à la charge de prouver que ceux qui ont reçu
du débiteur ou traité avec lui avaient connaissance de la cessation
de ses paiements.

Ces règles, qui sont spécialement applicables au cas où le débiteur commerçant est en faillite, ne peuvent être étendues au débiteur non commerçant qui est en déconfiture ou qui a été admis au bénéfice de cession.

Il résulte encore du principe que l'action paulienne n'est qu'une action subsidiaire que le tiers, poursuivi par les créanciers, peut demander la discussion préalable des biens du débiteur. Cette exception ne pourrait être écartée que lorsque les biens que le débiteur possède encore seraient d'une discussion trop difficile, comme s'ils étaient litigieux ou situés en pays étranger. Toutefois l'exception de discussion n'est pas un moyen qui puisse être opposé d'office par le juge.

L'action révocatoire peut aussi être repoussée en tout état de cause, dès qu'il survient au débiteur des biens qui le mettent à même de remplir ses engagements.

Il faut, en principe, que l'insolvabilité du débiteur ait été consommée par l'acte attaqué. Si son insolvabilité n'avait été amenée que par un événement postérieur, le débiteur n'aurait porté aucun préjudice à ses créanciers ; on ne peut dire qu'il a eu l'intention de les frauder. S'il était déjà insolvable, les nouvelles dettes qu'il aurait contractées ne pourraient être considérées comme des actes frauduleux ; car il n'avait plus de bien, plus de patrimoine ; son patrimoine ayant été entièrement absorbé par des dettes antérieures, n'a plus pu, activement considéré, être diminué.

Les droits des créanciers doivent être d'une date antérieure à l'acte attaqué, qui n'a pu leur porter préjudice, si leurs droits n'existaient pas encore, et ne s'étaient ouverts que postérieurement. Mais il n'est pas absolument nécessaire que l'antériorité de leur créance soit établie par un écrit ayant acquis date certaine au moyen de l'une des circonstances indiquées dans l'art. 1328. En effet, la fraude fait exception à toutes les règles ; et celui qui exerce l'action révocatoire doit être admis à prouver par toutes espèces de preuves, et même à l'aide de simples présomptions, qu'il se trouve au nombre des

3.

créanciers fraudés, et que le tiers, au moment de traiter, connaissait l'existence de sa créance.

Les créanciers ne peuvent attaquer que des actes ayant pour objet des droits dont l'exercice ne leur soit pas interdit d'après la distinction qui a été établie au chapitre précédent. Cette condition, il est vrai, n'est pas reproduite par l'art. 1167; mais elle repose sur la nature même de l'action paulienne. Les créanciers ne seraient donc pas recevables à attaquer des actes relatifs à des droits exclusivement attachés à la personne de leur débiteur. Ainsi la renonciation de la part du débiteur à une action en révocation de donation pour cause d'ingratitude ne pourrait être attaquée par ses créanciers sous le prétexte de fraude. Il en serait de même de la renonciation à une action en dommages-intérêts fondée sur une injure ou une diffamation.

Mais tout acte, par lequel le débiteur porte atteinte à sa solvabilité, est susceptible d'être attaqué comme fait en fraude des créanciers. Ainsi, par exemple, non-seulement les donations entre-vifs, les ventes à vil prix, et, en général, tous les contrats frauduleux peuvent être annulés : il y a, en outre, lieu à l'action paulienne, si, pour frauder des créanciers, un débiteur, d'intelligence avec son débiteur, consent à la radiation d'une hypothèque; si, pour éteindre la dette de ce dernier, il lui fournit des exceptions qui ne lui seraient pas justement acquises; s'il transige de mauvaise foi; s'il renonce à une action en nullité ou en rescision, à un droit de servitude, etc.; en un mot, tout acte par lequel le débiteur diminue volontairement ses biens, et par lequel il consomme son insolvabilité, peut être attaqué comme fait en fraude des droits de ses créanciers.

Le Code civil fournit quelques exemples d'actes qui sont soumis à l'action révocatoire.

Aux termes de l'art. 622, les créanciers de l'usufruitier peuvent faire révoquer la renonciation qu'il aurait faite en fraude de leurs droits. Peu importe, d'ailleurs, que l'usufruit soit légal ou conventionnel. Mais si le père ou la mère, en émancipant son enfant mineur, avait indirectement renoncé à l'usufruit légal qui lui compète, cette renonciation ne pourrait être attaquée. En effet, dans ce cas, la renonciation à l'usufruit n'est qu'une conséquence de l'émancipation; et l'émancipation est un acte exclusivement attaché à la personne du débiteur, et que les créanciers, d'ailleurs, ont dû et pu prévoir.

Les créanciers peuvent également faire annuler la renonciation que le débiteur aurait faite à une succession qui lui était échue, dans le cas où cette renonciation leur aurait porté préjudice (art. 788).

Les créanciers de la femme mariée ou de ses héritiers peuvent attaquer la renonciation à la communauté, lorsqu'elle a eu lieu en fraude de leurs droits (art. 1464).

Il doit en être de même d'une prescription acquise, à laquelle le débiteur aurait renoncé au préjudice de ses créanciers, soit par convention, soit en justice (art. 2225).

Ce n'est donc pas seulement en diminuant son patrimoine, mais aussi en négligeant de l'augmenter, que le débiteur porte atteinte à sa solvabilité et au droit de gage qui appartient aux créanciers sur l'universalité de son patrimoine; il peut même être réputé l'avoir fait, en soustrayant aux poursuites de ses créanciers tout ou partie de ses biens. C'est ainsi que les créanciers seraient fondés à demander la révocation de l'aliénation d'un immeuble même faite à juste prix, si cette vente avait eu lieu dans le but de soustraire cet immeuble à leurs poursuites, et si le prix en provenant n'avait pas tourné à leur profit.

Sous l'empire du Droit romain, ce que le débiteur avait fait pour ne pas acquérir, par exemple, en répudiant un legs ou une succession, était à l'abri de toute atteinte de la part des créanciers; ils n'étaient fondés à agir que dans le cas où le débiteur diminuait réellement son patrimoine.

L'annulation de l'acte frauduleux ne profite pas seulement aux créanciers qui l'ont demandée, mais à tous les créanciers indistinctement, même à ceux qui n'avaient pas qualité pour attaquer cet acte, tels que les créanciers dont les droits seraient d'une origine postérieure. La chose faisant l'objet de l'acte annulé est rentrée dans le patrimoine du débiteur, et ce patrimoine forme le gage de tous les créanciers.

Il importe de ne pas confondre l'acte frauduleux avec l'acte simulé. Il y a simulation, lorsque le mode choisi pour disposer ou contracter n'a été employé que dans la vue d'éluder la loi, abstraction faite de toute intention de fraude. Toute personne intéressée peut attaquer un acte simulé, les tiers dont il lèse les droits et les parties elles-mêmes, dans les cas où elles n'auraient aucune turpitude à se reprocher. D'un autre côté, à la différence de l'action paulienne, il n'est pas nécessaire pour la recevabilité de l'action en déclaration de simulation, que l'acte simulé ait consommé l'insolvabilité du débiteur, ni que le titre du créancier qui attaquerait ce même acte ait une date antérieure.

Il suffit, du reste, pour l'admissibilité de l'action paulienne, que le débiteur ait eu connaissance de son état d'insolvabilité, pour qu'il soit réputé avoir eu l'intention de nuire à ses créanciers, lors même qu'au moment de passer l'acte attaqué, il n'aurait point songé à frauder précisément telle ou telle personne en particulier.

Mais l'action peut toujours être arrêtée, dès qu'il serait prouvé que le dessein de frauder n'a pas été suivi de l'événement et de la perte effective des créanciers, ou dès que le débiteur satisfait ses créanciers par la vente de ses biens ou autrement. Dans ce dernier cas, l'acte attaqué conservera sa force; et si le débiteur avait emprunté, les nouveaux créanciers ne pourraient attaquer le même acte qui n'aurait pas été fait à leur préjudice, à moins qu'ils n'eussent prêté pour payer les premiers créanciers, et qu'ils n'eussent été subrogés dans leurs droits.

Quant à la nature des actes, il importe peu qu'ils aient été passés à titre gratuit ou à titre onéreux. Les uns et les autres sont également sujets à révocation. Mais à cet égard, et en ce qui concerne les conditions requises pour obtenir leur annulation, les lois romaines avaient fait une distinction importante qui a été consacrée expressément par le Code de commerce pour le cas de faillite, et qui doit être également observée en matière civile.

Lorsque l'action paulienne était dirigée contre des actes à titre onéreux, les créanciers étaient tenus de prouver non-seulement que le débiteur avait eu l'intention de porter préjudice à leurs droits, mais encore que les tiers avec lesquels ils avaient traité étaient complices de la fraude. Pour la révocation des actes à titre gratuit, il suffisait, au contraire, que le débiteur seul eût eu des intentions frauduleuses, lors même que les tiers auraient été de bonne foi.

Aujourd'hui cette dernière condition ne semble plus même devoir être exigée aussi rigoureusement que sous la législation romaine, du moins si l'on consulte l'esprit du Code civil. Lorsqu'il s'agit d'un acte à titre gratuit, il doit suffire, pour sa révocation, que cet acte ait porté préjudice aux intérêts des créanciers, sans qu'il soit absolument nécessaire de prouver que l'acte ait été accompagné de l'intention frauduleuse du débiteur. Cette intention, ainsi que nous l'avons déjà dit, se présume, d'ailleurs, toujours, lorsque le débiteur a traité en connaissance de son état d'insolvabilité. D'un autre côté, si on se reporte aux dispositions des art. 622, 788 et 1053 du Code, on voit que ces articles qui ne contiennent que des applications du principe, accordent l'action paulienne contre les renonciations dont dont ils s'occupent, abstraction faite de toute intention de fraude de la part du débiteur, et par cela seul que les créanciers ont éprouvé un préjudice; et quant à l'art. 1464, qui emploie le mot de *fraude* dans l'hypothèse de la renonciation à une communauté, cette expression doit être plutôt prise dans le sens de *préjudice*. La législation commerciale a, d'ailleurs, adopté une théorie semblable pour la révocation des actes en matière de faillite. Enfin, on a peine à s'expliquer pourquoi on ferait dépendre de la mauvaise foi du débiteur l'admissibilité de l'action paulienne contre les actes à titre gratuit qui préjudicient aux créanciers. Dans ce dernier cas, les tiers n'ont rien à perdre ; ils manquent plutôt à gagner si la donation qui leur a été faite est révoquée ; si elle ne l'est pas, ils s'enrichissent aux dépens des créanciers dont ils conserveront le gage sans en avoir payé la valeur. On ne leur fait pas une injure, on ne leur cause pas un dommage réel, en les privant d'un gain que l'équité naturelle ne leur permet pas de conserver aux dépens d'autrui. Dans le conflit de prétentions respectives, les créanciers *certant de damno vitando;* ils doivent l'emporter sur les donataires ou cessionnaires à titre gratuit qui *certant de lucro captando.*

Ainsi, il suffit que le créancier prouve l'existence du préjudice qu'il allègue ; et les tiers ne pourraient repousser l'action révocatoire dirigée contre un acte à titre gratuit, sous le prétexte que le demandeur n'aurait pas établi l'intention frauduleuse de la part du débiteur.

On doit, en général, assimiler aux actes à titre gratuit les donations par contrat de mariage faites par les époux entre eux, et même celles qu'ils se seraient faites réciproquement, et les donations qui leur sont faites par des tiers. Mais en ce qui concerne la constitution d'une dot, le mari étant censé recevoir les biens dotaux pour subvenir aux charges du mariage, et, par conséquent, à un titre pour ainsi dire onéreux, il faudrait à son égard, et par rapport du moins à la jouissance des biens donnés, appliquer les règles relatives à la révocation des actes à titre onéreux. Ces principes étaient également suivis sous l'empire du Droit romain.

L'action révocatoire n'est admise contre les actes à titre onéreux qu'autant que la fraude est établie ; il faut prouver l'existence d'un concert frauduleux (*consilium fraudandi*) entre le débiteur et le tiers avec lequel il a traité. Non-seulement l'acte doit avoir causé au créancier un préjudice (*eventus damni*), et il doit être prouvé que le débiteur avait l'intention de le frustrer ; mais il faut, en outre, établir que le tiers a partagé l'intention frauduleuse de ce dernier, qu'il a connu le dessein de frauder qu'avait le débiteur ; en un mot, qu'il était le complice de la fraude. Il ne serait pas juste, en effet, que la mauvaise foi du débiteur causât une perte aux personnes qui ont exercé un commerce licite avec lui, et qu'un acquéreur de bonne foi devînt victime d'une fraude à laquelle il n'a point participé. Sans doute, si un contrat que le débiteur avait consenti dans le but de frauder ses créanciers n'était pas révoqué, ceux-ci resteraient victimes de cette fraude ; mais en un cas pareil, il faut opter entre eux et les acquéreurs ; il faut faire perdre les uns ou les autres ; or, entre des personnes également de bonne foi, le possesseur doit être préféré, *melior est causa possidentis.*

La plus grande difficulté en cette matière est de prouver le dessein de frauder tant de la part du débiteur que du tiers. Mais on peut l'établir par tous les moyens, même par des présomptions, pourvu qu'elles soient claires, précises et concordantes. La fraude fait exception à toutes les règles. Les tribunaux sont à cet égard appréciateurs souverains. Le peu de temps qui s'est écoulé entre l'acte attaqué et l'époque de la déconfiture, c'est-à-dire, l'époque où l'insolvabilité du débiteur est devenue notoire, a de tout temps été considéré comme une des plus fortes présomptions de fraude, surtout si à cette circonstance se joint celle que l'acte a été passé entre très-proches parents (*inter parentes fraus facilè præsumitur*). D'un autre côté, il y a présomption de fraude, lorsque c'est en connaissance de son insolvabilité que le débiteur a consommé des actes préjudiciables à ses créanciers ; et le débiteur, qui est toujours censé connaître l'état de ses affaires, doit même être présumé avoir eu connaissance de son insolvabilité. Il y a présomption de fraude ou de complicité de fraude de la part du tiers, lorsque celui-ci a traité avec le débiteur, sachant qu'il était insolvable. Toutefois ce ne sont pas là des présomptions *juris et de jure* ; ce sont de simples présomptions

4

juris, qui peuvent être combattues par des preuves ou des présomptions contraires.

La législation commerciale, ainsi que nous l'avons déjà fait remarquer, établit des présomptions de fraude *juris et de jure* contre certains actes déterminés passés par le débiteur dans un temps voisin de sa faillite ; elle annule ces actes de plein droit.

On ne pourrait considérer comme frauduleux les arrangements que le créancier aurait pris avec son débiteur pour se faire payer de préférence des dettes échues et exigibles, lors même qu'il aurait eu connaissance de l'état d'insolvabilité de ce dernier ; car il n'a fait que toucher ce qui lui était dû ; et d'ailleurs *jura vigilantibus succurrunt.*

L'action paulienne est ouverte, nous l'avons déjà dit, contre toutes espèces d'actes qui auraient été passés par le débiteur en fraude des droits de ses créanciers. Ainsi, un acquiescement, un désistement en justice pourraient aussi être attaqués. Il en serait de même si le débiteur avait déféré en justice un serment litisdécisoire sur des faits qu'il aurait pu prouver, ou s'il avait laissé périmer une instance. Le créancier peut même se pourvoir contre les jugements que le débiteur aurait, par suite d'une collusion avec des tiers, laissé prononcer à leur profit. Ce sont là aussi jusqu'à certain point des contrats : *et quasi in judicio contrahimus.* Mais alors il s'agit d'attaquer des décisions judiciaires ; et l'action paulienne s'exerce par voie de tierce-opposition.

Il n'existe que deux exceptions aux règles qui précèdent ; à savoir : en cas de partage d'une succession, et pour les jugements de séparation de biens rendus en fraude des créanciers du mari.

En ce qui touche l'action révocatoire des créanciers, les actes de partage ont été placés par le législateur dans une règle exceptionnelle qui était commandée par l'intérêt des tiers, et surtout par le besoin d'assurer le repos des familles et la fixité des propriétés. Ils doivent être à l'abri de toute atteinte de la part des créanciers, lorsqu'ils ont été régulièrement consommés ; le législateur a donné à ceux-ci toute la garantie qu'ils avaient droit d'attendre, en leur accordant la faculté d'y intervenir.

Les lois romaines n'admettaient que les héritiers au partage; elles n'accordait pas aux tiers la faculté d'y intervenir pour la conservation de leurs droits; mais elles leur ouvraient en cas de fraude l'action paulienne, ou plutôt elles n'exceptaient pas le partage de cette action ouverte aux tiers contre tous les actes frauduleusement consommés à leur préjudice. L'ancienne jurisprudence française a changé cet état de choses; elle admettait, au contraire, les créanciers à se présenter au partage, et leur interdisait l'action révocatoire, s'ils avaient négligé cette voie qui leur était ouverte pour prévenir toute fraude à leurs droits.

Les auteurs du Code civil ont eu à choisir entre ces deux systèmes, dont le premier, comme on voit, offrait seulement aux créanciers une voie pour obtenir la réparation de la fraude consommée à leur préjudice, tandis que le second leur donnait seulement le moyen de l'empêcher. C'est à ce dernier système que le législateur moderne a donné la préférence.

Aux termes de l'art. 882, le créancier qui ne s'est pas opposé à ce qu'on procédât hors de sa présence au partage d'une succession qui intéresse son débiteur, ne peut plus attaquer ce partage comme fait en fraude de ses droits; et il ne le peut, lors même qu'il y aurait formé opposition, qu'autant que le partage aurait eu lieu hors de sa présence. Ainsi l'opposition ou l'intervention du créancier est une condition essentielle pour la recevabilité de l'action paulienne, en cas de partage d'une succession. Le partage, il est vrai, pourrait se faire secrètement, sans que les créanciers eussent été mis à même d'y intervenir; mais c'est précisément pour les garantir de ce danger que la loi les autorise à former opposition au partage. L'ouverture d'une succession est un fait notoire; et il est de l'intérêt d'un créancier, dès qu'il doute de la probité de son débiteur, de former opposition à tout partage auquel il serait procédé hors de sa présence.

4.

Il n'en serait pas de même si le partage n'avait été que simulé; le créancier serait toujours fondé à demander l'annulation d'un acte semblable, s'il lui portait préjudice, quoiqu'il n'y eût pas formé opposition antérieurement. Mais alors ce ne serait pas en vertu de l'action paulienne; ce serait par l'action en nullité pour cause de simulation.

L'exception établie par l'art. 882 est générale; elle s'applique à toute espèce de partage en matière de succession; et l'action paulienne devrait être repoussée contre un partage auquel il n'aurait pas été formé opposition, lors même qu'il serait possible de prouver l'existence d'un concert frauduleux avec les copartageants du débiteur. Les créanciers étaient avertis par la loi; ils pouvaient se présenter aux débats et au règlement de tous les droits.

Toutefois le motif même qui a fait admettre l'exception dont il s'agit, indique qu'elle ne doit pas être étendue aux partages de sociétés ou de communautés conjugales; et d'ailleurs, les art. 1476 et 1872 n'assimilent les partages des communautés et des sociétés aux partages de succession que sous le rapport de leur forme et de leurs effets et de la garantie des lots.

L'art. 1447 autorise les créanciers du mari à agir par voie de tierce-opposition pour faire déclarer non avenue à leur égard une séparation de biens prononcée en justice, lorsqu'elle a eu lieu en fraude de leurs droits. Le Code de procédure civile a restreint la faculté d'exercer cette action à une année qui commence à courir depuis les insertions et expositions ordonnées par l'art. 873 de ce Code. A l'expiration de ce délai, les créanciers sont déchus de leur action, lorsque les formalités prescrites pour la publicité de la demande et le jugement de séparation ont été remplies.

L'action paulienne ayant pour objet de faire rentrer dans le patrimoine du débiteur la chose qui fait l'objet de l'acte attaqué, qui est réputée n'avoir jamais cessé de lui appartenir, et qui forme le gage de ses créanciers, est de sa nature une action réelle. Elle avait aussi ce caractère en **Droit romain**, du moins d'après la définition qu'eu donnent les **Instituts de Justinien**. Après avoir obtenu la rescision de la tradition, les créanciers revendiquaient la propriété des choses aliénées en fraude de leurs droits. Ils étaient censés agir non comme de simples créanciers, mais en vertu d'un droit particulier sur la chose aliénée acquis avant l'aliénation. On supposait l'antériorité du gage prétorien. Ils exerçaient du chef de leur débiteur un droit de propriété qui lui était fictivement rendu. Mais l'action paulienne proprement dite, c'est-à-dire, l'action rescisoire que le préteur accordait au créancier pour faire annuler l'acte frauduleux, était, d'après les Pandectes, une action purement personnelle, une action *in factum* ; lorsqu'il s'agissait d'un acte à titre onéreux, les créanciers ne pouvaient l'exercer que contre ceux qui, traitant avec le débiteur, avaient connu la fraude par lui commise. Quand il était question d'un acte à titre gratuit, ils pouvaient, au contraire, l'intenter à tous ceux qui avaient reçu du débiteur une libéralité quelconque, peu importe que ceux-ci eussent ou non connu la fraude ; cependant ceux qui n'avaient pas connu la fraude n'étaient tenus que jusqu'à concurrence de ce dont ils étaient devenus plus riches.

En **Droit français**, la revendication n'est admise en principe que contre les immeubles corporels. L'action cesse donc d'être réelle, elle devient purement personnelle, lorsque le droit qu'elle a pour objet de faire rentrer dans les mains du débiteur ne peut être revendiqué.

La chose aliénée étant réputée n'être jamais sortie des mains du débiteur, qui n'a pu en disposer au préjudice de ses créanciers ; et, d'un autre côté, le débiteur n'ayant pu transférer plus de droits qu'il n'en avait lui-même, l'action paulienne entraîne, lorsqu'elle a été accueillie, la résolution *ex tunc* de l'acte attaqué. La chose rentre dans la possession du débiteur, libre de toutes les charges dont elle avait été affectée depuis son aliénation. Ainsi, les hypothèques, les servitudes et les autres droits réels dont l'immeuble aliéné fraudu-leusement aurait été grevé soit par l'acquéreur immédiat, soit par des acquéreurs subséquents, s'évanouissent. L'immeuble dont l'aliénation a été résolue peut être revendiqué en quelque main qu'il se trouve, et sans que son détenteur actuel soit fondé à alléguer les effets de sa bonne foi.

Ce dernier principe n'était pas appliqué d'une manière aussi absolue en Droit romain. La revendication ne pouvait être exercée à l'égard des tiers que lorsqu'ils avaient eux-mêmes acquis à titre gratuit, ou lorsqu'ayant acquis à titre onéreux, ils avaient été complices de la fraude; en d'autres termes, lorsque les conditions nécessaires pour l'admissibilité de l'action paulienne se rencontraient dans leur propre personne.

La loi ne fixant pas un délai particulier dans lequel les créanciers sont tenus d'exercer l'action paulienne, il faut en conclure que cette action ne s'éteint que par la prescription trentenaire établie par l'art. 2262 pour toutes les actions qui ne sont pas soumises à une prescription spéciale.

La prescription de dix ans établie par l'art. 1304 du Code civil n'est relative qu'aux actions en nullité ou en rescision qui sont ouvertes aux parties elles-mêmes ou à leurs successeurs pour l'absence de certaines conditions nécessaires à la validité des conventions.

Cependant le tiers-détenteur, dans la personne duquel se réuniraient un juste titre et la bonne foi, pourrait prescrire l'immeuble aliéné frauduleusement par l'usucapion de dix ou de vingt ans.

JUS ROMANUM.

DE ACTIONE PAULIANA.

« Si quis in fraudem creditorum rem suam alieni tradiderit, bonis
« ejus à creditoribus ex sententia præsidis possessis, permittitur ipsis
« creditoribus, rescisâ traditione, eam rem petere, id est, dicere eam
« rem traditam non esse et ob id in bonis debitoris mansisse. »
(Institut. lib. IV, tit. 6, § 6.)

Ad rescindenda omnia quæ in fraudem creditorum facta gestaque
sunt, sive antè bonorum possessionem, sive post illam, prætor actionem in factum proposuit, quæ Pauliana actio vocatur.

Datur etiam creditoribus interdictum fraudatorium.

Ut locus sit huic auxilio, tres conditiones requiruntur. Necesse
est : 1° debitorem fraudem adhibuisse; 2° patrimonium debitoris
imminutum; et 3° creditoribus damnum esse datum.

Multis modis eveniri potest debitorem fraudem adhibuisse. In
edictum committit debitor, non modò res suas ad alios transferendo,
sed etiam derelinquendo easdem, debitores vel pignora liberando,
creditoribus jus potentius concedendo, non utendo jure ususfructûs
seu servitutis, denique quocumque potuit fraudis genere efficiendo,
ut damnum accipiant creditores.

At non committit in edictum debitor, si quùm antè bonorum possessionem aliquid potuit acquirere, non egit id, ut acquirat; verbi
gratiâ, si repudiavit hereditatem, vel legitimam, vel testamentoriam, aut si non accepit donationem; noluit enim acquirere debitor, non suum proprium patrimonium deminuit.

Hoc auxilium comparatur iis creditoribus in possessionem missis

quorum fraudandorum causâ aliquid factum est eorumque neces-
soribus.

Datur non solum adversùs ipsum debitorem, verùm etiam adversùs eos qui vel fraudis sibi conscii fuerunt, vel commodum ali-
quod ex lucrativâ causâ nacti sunt, et adversùs successores eorum.

Fisco tamen competit actio, quocumque modo res alienatæ solu-
tionesve factæ sunt, sivè qui nacti sunt fraudis conscii aut non conscii
fuissent.

Is qui, quamvis sciens prudensque debitorem non esse solvendo,
debitam pecuniam antè recepit quàm debitoris bona possiderentur,
non contrà edictum fecisse videtur, quoniam sibi vigilavit.

At locus est edicto, si quum plures instarent creditores, alteri
gratificatus debitor exsolvit pecuniam debitam.

Admittitur etiam actio, si aut antequam dies venit dissolvendæ
obligationis solutio facta est, aut aliud pro alio cœterorum creditorum
fraudandorum causâ solvit debitor, aut in vetus creditum pignus
constituit.

Præterea dos quoque, quam fraudandi consilio debitor constituit, hâc actione revocatur, utique tùm quùm fraudari creditores
non ignarus fuit is qui dotem acceperat.

Hujus actionis ea est vis, ut et res alienatæ cum omni causâ res-
tituendæ sint, et debitores in creditorum præjudicium liberati in
pristinam obligationem revocentur, et omnino quoad hoc fieri possit,
eâ causâ quæ antcâ fuit instauretur.

In eos autem, qui fraudis haud sibi conscii liberalitatem à debi-
tore acceperant, non ultrà id quantùm locupletiores facti sunt, actio
danda erit.

Petenda est perferendaque hæc actio intrà utilem annum, ex eo
die computandum quo venditio facta est.

Quâ vero ex parte locupletior quis debitoris fraude factus est, in
perpetuum competit actio.

PROCÉDURE CIVILE.

DE LA TIERCE-OPPOSITION.

La tierce-opposition est l'opposition que forme à une décision judiciaire qui préjudicie à ses droits une partie qui n'a pas été appelée dans l'instance et qui n'y a pas figuré soit par elle-même, soit par un représentant.

C'est une voie de recours directe extraordinaire qui tend à obtenir la rétractation de la décision attaquée, et par laquelle le tiers fait valoir, par voie d'action, l'exception *rei inter alios actæ vel judicatæ.* Les jugements, en effet, n'ont la force de la chose jugée qu'à l'égard des parties entre lesquelles ils ont été rendus, et ne sauraient obliger des tiers contre leur gré.

La tierce-opposition est une espèce d'intervention après le jugement à l'effet d'en empêcher l'exécution à l'égard du tiers dont les droits se trouveraient lésés par cette exécution.

Pour l'exercer, il faut, comme pour toute autre action, y avoir un intérêt actuel.

Il y a deux espèces de tierce-opposition; la tierce-opposition principale et la tierce-opposition incidente.

La tierce-opposition principale a lieu, lorsqu'on s'oppose par une action directe et distincte à un jugement. Elle est portée au tribunal, quel qu'il soit, qui a rendu le jugement attaqué.

La tierce-opposition incidente est celle qu'une partie forme, pendant le cours d'une instance, à un jugement dont son adversaire veut tirer avantage contre elle pendant cette même instance. Elle se porte au tribunal saisi du procès, s'il est égal ou supérieur à celui qui a rendu le jugement; dans le cas contraire, elle doit être portée à ce dernier tribunal.

La tierce-opposition n'est donc dévolutive que par exception.

Il faut que l'acte attaqué soit un jugement rendu sur une contestation; les autres actes judiciaires, qui n'ont pas le caractère de jugements, ne pourraient donc être attaqués par la voie de la tierce-opposition. Peu importe, d'ailleurs, le tribunal dont ce jugement serait émané. Ainsi la tierce-opposition est recevable contre les sentences d'un juge de paix, les jugements d'un tribunal de commerce, et même en matière administrative contentieuse, comme en matière civile ordinaire; mais non en matière d'arbitrage, les arbitres n'étant pas des juges proprement dits.

On ne peut se rendre tiers-opposant qu'autant que le jugement attaqué est de nature à porter un préjudice direct aux droits actuels et ouverts de celui qui veut intenter l'action.

D'un autre côté, il faut non-seulement avoir été recevable à intervenir au procès jugé; mais encore il faut avoir un droit indépendant de l'une et de l'autre des parties qui y ont figuré.

En général, les héritiers et successeurs universels sont représentés par leur auteur; le mandant est représenté par son mandataire; les mineurs et interdits sont légalement représentés par leur tuteur; le successeur à titre particulier est censé avoir été représenté par son auteur dans les jugements qui ont été rendus sur la chose donnée ou cédée antérieurement à la vente ou à la donation. Ceux qui tiennent leurs droits comme une dépendance du droit d'un autre sont représentés par ce dernier dans les contestations relatives à ce même droit. C'est ainsi que le créancier hypothécaire est représenté par celui qui lui a hypothéqué l'immeuble grevé; c'est ainsi encore que le légataire universel représente les légataires particuliers institués par le même testament.

Mais ne peuvent être considérés comme ayant été représentés : 1° le vendeur sous une condition résolutoire; telle que la faculté de rachat, dans les jugements obtenus contre l'acquéreur, si le réméré est exercé ; 2° l'acquéreur sous une condition suspensive, dans les jugements rendus contre le vendeur, si la condition s'accomplit ; 3° en un mot, tout détenteur d'un objet sous une condition résolutoire ou suspensive, lorsque la résolution s'est opérée *ex tunc*.

Toutefois ceux qui détiennent une chose litigieuse au nom de la partie qui a été condamnée à la délaisser, en vertu d'une action réelle ou d'une action *in rem scripta*, sont liés par le jugement prononçant cette condamnation, et ne peuvent y former tierce-opposition qu'autant qu'ils auraient un droit indépendant de celui de la partie condamnée. C'est ainsi que le fermier n'est pas admis à former tierce-opposition au jugement qui a prononcé l'éviction de son bailleur ; tandis que l'usufruitier peut se pourvoir par tierce-opposition contre le jugement qui condamne celui qui lui a accordé l'usufruit au déguerpissement de l'immeuble grevé.

Le débiteur est censé avoir représenté ses créanciers en ce qui concerne la disposition de son patrimoine, quoique ce patrimoine constitue leur gage. Les créanciers ne peuvent donc former tierce-opposition contre les jugements qui ont été rendus entre leur débiteur et un tiers, et dans lesquels leur débiteur a succombé, sous le prétexte que ces décisions auraient eu pour effet, en diminuant le patrimoine de leur débiteur, de porter atteinte en même temps à leurs propres sûretés.

Il en serait différemment, si les créanciers pouvaient prouver que le jugement attaqué a été rendu entre leur débiteur et le tiers par collusion et en fraude de leurs droits. D'un autre côté, lorsqu'ils se sont fait subroger dans l'exercice des droits et actions de leur débiteur, ils sont également admis à attaquer, par la voie de la tierce-opposition, les jugements qui porteraient sur des droits faisant l'objet de la subrogation, et qui auraient été rendus contre le débiteur postérieurement à cette même subrogation.

L'autorité de la chose jugée n'ayant lieu qu'à l'égard des parties, le tiers peut aussi, lorsqu'il y a un intérêt actuel et que ses droits sont ouverts, au lieu de recourir à la tierce-opposition principale, agir par voie directe devant le juge compétent pour connaître en premier ressort de l'objet litigieux, comme s'il n'avait pas encore été statué sur l'affaire; et alors ce ne serait qu'autant qu'on lui opposerait le jugement dans le cours de l'instance, qu'il pourrait en repousser l'application, en l'attaquant par la voie de la tierce-opposition incidente.

La tierce-opposition ne peut avoir pour effet de rétracter le jugement attaqué qu'en ce qui concerne les droits et l'intérêt personnel de l'opposant, et nullement à l'égard des parties qui y avaient figuré et entre lesquelles il conserve toute sa force; à moins toutefois qu'il ne s'agisse d'obligations solidaires ou d'un objet indivisible, ou qu'il n'y ait impossibilité absolue d'exécuter le premier et le second jugement et d'en concilier les dispositions. C'est ce qui a lieu, par exemple, pour les jugements qui ont été rendus sur des questions d'état. Un jugement semblable ne peut plus être attaqué par les tiers, lorsqu'il a été rendu contre le légitime contradicteur, et qu'il a acquis l'autorité de la chose jugée.

La tierce-opposition n'est pas suspensive en principe; elle n'arrête pas de plein droit l'exécution du jugement attaqué. Mais les juges saisis de la tierce-opposition peuvent, suivant les circonstances, suspendre l'exécution du jugement, excepté lorsqu'il s'agit d'un jugement passé en force de chose jugée et qui condamne à un délaissement de possession d'immeuble.

En cas de tierce-opposition incidente, le tribunal peut aussi ordonner la suspension de l'instance principale, jusqu'à ce que la tierce-opposition ait été jugée.

La loi n'ayant pas déterminé le délai dans lequel on a le droit d'user de la voie de la tierce-opposition, ce droit ne se prescrit que par trente ans à partir de l'époque où le jugement aurait été connu de la partie.

Toutefois les créanciers du mari n'ont qu'une année pour former tierce-opposition à un jugement de séparation de biens rendu en fraude de leurs droits (C. de pr. c., art. 873).

La tierce-opposition principale et la tierce-opposition incidente portée à un tribunal autre que celui qui connaît de la cause, se forment par une assignation donnée à la partie envers laquelle on veut faire rétracter le jugement. La tierce-opposition incidente, portée devant le tribunal saisi du procès principal, se forme par une requête signifiée d'avoué à avoué.

Il n'est pas nécessaire de la faire précéder de la tentative de conciliation.

La procédure qui lui est applicable est la procédure commune et ordinaire.

DROIT DES GENS.

DE L'AUTORITÉ ET DE L'APPLICATION DES LOIS CIVILES A L'ÉGARD DES ÉTRANGERS.

Chaque État régulièrement constitué et reconnu est indépendant et souverain chez lui ; il se gouverne librement et sans le concours ni l'intervention des autres États. Les institutions, les lois qu'il se donne étendent leur empire sur tout le territoire soumis à sa puissance et sur tous ceux qui y résident. Aucune législation étrangère ne peut y exercer la moindre autorité.

Les étrangers sont tenus, comme les indigènes, de se conformer aux lois civiles du pays, tant qu'ils y résident ; et les contestations dans lesquelles ils peuvent se trouver engagés sont instruites et jugées d'après les lois, dans les formes et par les magistrats du pays.

Les tribunaux eux-mêmes ne peuvent appliquer aux procès qui leur sont soumis d'autres lois que les lois de l'État, peu importent la qualité et l'origine des personnes, et le pays où ont été passés les actes ou les faits qui ont donné naissance au différend.

Ces règles sont générales ; elles ne sont susceptibles que de deux exceptions : la première résultant de traités qui assurent quelquefois aux sujets d'une nation le droit de faire juger leurs contestations à l'étranger par leurs consuls ; la seconde résultant du privilége de l'exterritorialité, qui a pour effet de soustraire les agents diplomatiques et les personnes qui leur sont attachées à l'action des lois du pays placé sous la domination du souverain auprès duquel ils sont accrédités.

La forme des actes est réglé par les lois du pays où ils sont passés

(*locus regit actum*). Les officiers publics d'un pays ont pouvoir de recevoir les actes et documents d'un étranger, tant les conventions qu'il passerait quant à sa personne ou à ses biens, que les actes publics qui l'intéressent, tels que les actes de l'état civil ou d'autres actes de juridiction gracieuse. Lorsque ces actes ont été passés dans les formes usitées d'après la loi du pays, ils sont en général valides; ils font foi entre les parties, et deviennent efficaces partout ailleurs, à moins que les lois du pays de l'étranger n'exigent l'intervention de l'autorité de son propre pays.

Il est admis d'une manière absolue que les actes qui doivent produire leurs effets immédiatement, tels que les transactions commerciales, sont régies par la loi du pays où on les exécute; lorsqu'ils sont conformes aux dispositions de ces lois, ils sont parfaits et peuvent toujours et partout être opposés à ceux qu'ils engagent.

Quant aux actes qui sont de nature à ne produire leurs effets que dans un temps indéterminé et dans un pays autre que celui où ils ont été passés, ils doivent, en outre, être conformes aux lois du pays où on les exécute; ou tout au moins ont-ils besoin d'être soumis à une vérification de l'autorité judiciaire de ce dernier pays. Le Code civil contient quelques applications de ce principe. C'est ainsi, par exemple, que des contrats reçus par des fonctionnaires étrangers ne peuvent conférer hypothèque sur des immeubles situés en France (art. 2123). C'est ainsi encore que des jugements émanés de tribunaux étrangers n'emportent hypothèque judiciaire en France qu'autant qu'ils ont été déclarés exécutoires par un tribunal français (art. 2123).

L'étranger a le droit de demander et d'obtenir justice devant les tribunaux du pays qu'il habite; il jouit devant ces tribunaux des mêmes voies de recours et des mêmes formes protectrices que les nationaux. Il doit par conséquent aussi, comme ceux-ci, en matière de juridiction contentieuse, se soumettre aux lois civiles et de procédure qui y sont en vigueur.

Les règles de compétence à suivre à son égard sont les mêmes qu'à l'égard des nationaux; et les décisions émanées des tribunaux qui ont statué sur les contestations qui le concernent, opèrent en sa faveur et contre lui les mêmes effets, la même autorité, que si ces décisions avaient été rendus entre des sujets du pays.

On peut devenir justiciable des tribunaux étrangers dans diverses circonstances : 1° Lorsqu'on est demandeur. Le demandeur est toujours obligé en vertu du principe : *actor sequitur forum rei,* de porter sa réclamation devant le juge du pays de celui qu'il poursuit; 2° lorsque la contestation porte sur des immeubles, et que la chose litigieuse se trouve située en pays étranger; 3° lorsqu'il s'élève une difficulté à l'occasion de l'exécution d'un contrat qui a été passé dans un pays étranger.

Si le tribunal refusait d'accorder justice à l'étranger, s'il lui faisait subir des longueurs incompatibles avec ses intérêts ou d'autres vexations de ce genre, s'il faisait preuve d'une iniquité manifeste à son égard, l'étranger serait fondé à exercer directement un recours auprès du souverain du pays; et si sa plainte demeurait sans succès, il pourrait, en vertu du droit des gens, s'adresser à son propre souverain pour réclamer son intervention auprès du souverain étranger.

L'intervention du souverain peut s'exercer soit par des représentations à l'amiable, soit aussi par des menaces de représailles; et il est même admis par la doctrine du droit des gens qu'un déni de justice obstiné peut, à la rigueur, et suivant la gravité des cas, autoriser le souverain de la partie lésée à déclarer une guerre légitime au souverain étranger.

Mais hormis le cas exceptionnel d'un déni de justice que nous venons d'indiquer, le souverain du plaideur étranger n'a pas le droit d'intervenir dans des contestations judiciaires pendantes devant des tribunaux étrangers.

Lorsque ces tribunaux sont compétents, et dès que toutes les formes de procédure et de jugement ont été observées pour les étrangers comme pour les indigènes, et que la sentence a été prononcée définitivement et en dernier ressort, le jugement fait irrévocablement foi ; il acquiert l'autorité de la chose jugée entre les parties, la même autorité qu'un contrat régulièrement passé entre elles, et l'exception qui en dérive peut être invoquée dans tout pays contre la partie étrangère ou indigène qui voudrait agir contrairement aux disposi- tions du jugement.

S'il est vrai que les lois civiles obligent tous ceux qui habitent un État, que la justice, qui est un des attributs de la souveraineté, exerce son empire sur tout le territoire et peut y faire exécuter ses décisions, d'un autre côté, l'action de la justice se borne nécessai- rement au territoire placé sous la domination du souverain ; elle s'ar- rête aux limites du territoire, et ne peut jamais s'étendre, dans ses effets immédiats, et par sa propre force, au delà de ces limites. Aussi une sentence judiciaire, quoiqu'elle ait acquis l'autorité de la chose jugée entre les parties, ne peut, en règle générale, être exécutée dans un territoire étranger, qu'autant qu'elle a été soumise à la vérification où à la confirmation de l'autorité judiciaire du pays, et que celle-ci en a autorisé l'exécution. C'est ainsi que les jugements rendus par une juridiction étrangère ne sont pas exécutoires en France, et ne peuvent y être invoqués comme engendrant par eux- mêmes l'exception de la chose jugée. Ils n'y acquièrent autorité qu'a- près qu'ils ont été déclarés exécutoires par un tribunal français.

Il peut être dérogé à cette règle par des traités conclus entre deux États, qui rendraient réciproquement exécutoires les jugements de leurs tribunaux respectifs, ou ne les soumettraient plus qu'à un simple enregistrement par l'autorité judiciaire du pays. Il existe un traité semblable qui a été passé entre la France et la Suisse le 4 ven- démiaire an XIII. Les jugements rendus par les tribunaux suisses sont exécutoires en France en vertu d'une simple légalisation ; et réciproquement. Un autre traité conclu le 24 mars 1760 entre la France et la Sardaigne portait que les cours supérieures des deux États déféreront réciproquement, à la forme de droit, aux réquisitions qui leur seront adressées touchant *l'exécution* des jugements rendus par l'une d'elles.

Cependant, les rapports de bienveillance mutuelle qui doivent exister entre les nations, et l'intérêt qu'elles ont à une bonne administration de la justice ont fait établir entre elles un échange réciproque de bons procédés tendant à se faciliter l'exercice du pouvoir judiciaire en tout ce qui ne porte pas atteinte à leur indépendance. C'est ainsi que les tribunaux défèrent habituellement aux commissions rogatoires qui leur sont adressées par des tribunaux étrangers pour entendre des témoins, ou pour recevoir le serment des parties; ils donnent communication des pièces de la procédure. C'est ainsi encore que les enquêtes et les actes d'instruction faits en pays étranger pour préparer un jugement peuvent produire leurs effets dans le pays où le jugement est exécuté.

D'après le droit des gens, les faits, les actes, les jugements intervenus entre les habitants pendant l'occupation d'un pays conquis et revêtus du sceau de l'autorité publique, restent obligatoires et sont exécutoires après la retraite du conquérant, comme ceux intervenus avant la conquête.